AF331805

LES

TRAVAILLEURS FRANÇAIS

EN FACE DE LA BOURGEOISIE

PENDANT LES

Élections Législatives

de 1885

PAR

SANS-TRAVAIL

Prix : 25 centimes

SE TROUVE :

à Paris, chez Guérin (Librairie Monge) 40, rue Monge

et dans toutes les autres librairies de Paris
et des départements

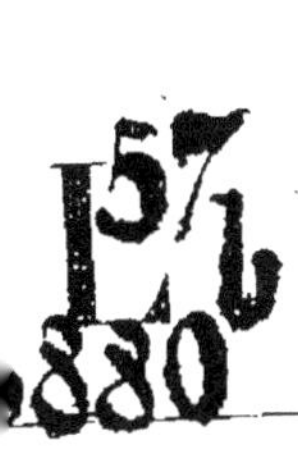

PRÉFACE

AU CITOYEN LECTEU

Tu comprendras sans peine, ami du labeur, que si je ne signe pas de mon nom ces quelques pages écrites en vue des élections générales prochaines, c'est simplement parce que je craindrais qu'au fond de ton cœur, il ne se glissât l'idée que j'appartiens à une chapelle et que j'envie de faire ressort du fond d'une boite à candidature quelconque.

Non, citoyen, tout d'abord, je suis indépendant, conséquemment libre de mes actes et de mes paroles, car j'appartiens simplement à l'immense cause des deshérités.

Ensuite, je suis vraiment Français (tu liras sans doute révolutionnaire), mais que veux-tu, c'est dans le sang, et certes, ce n'est pas là une maladie qu'une République bourgeoise puisse guérir.

Enfin d'autre part, loin d'être candidat, je t'avoue que je serais bien malheureux s'il me fallait représenter ta volonté au Parlement où, entouré de bourgeois, je n'aurais plus qu'une idée, celle de m'asseoir sur ces vieilles badernes ventrues pour leur faire faire explosion, ou de cracher sur tous ces genoux que je verrais luire.

— Ah ça! l'ami, je suis bien content de te rencontrer, car j'ai tant de choses à te demander et tant d'autres à te dire que vraiment la rencontre nous sera bien utile à tous deux.

Mais d'abord, dis-moi donc ce que tu fais par voies et chemins ainsi déguenillé, la mine hâve et l'air aussi complètement désœuvré?

Est-ce que par hasard, sous la bonne république bourgeoise dont nous jouissons tous, tu n'aurais pas encore fait fortune ?

Tu dis, non?

Ah ! mais c'est une plaisanterie sans doute. Tu caches ton jeu.

Voyons, voyons, un peu de franchise avec moi, mon vieux.

Ma parole, on dirait à t'entendre que les Gladstone français sont des menteurs et qu'ainsi nous ne vivons pas au milieu dn siècle qu'il leur plaît, dans leur haute sagesse, de qualifier de « siècle des ouvriers ».

Mais qu'est-ce que tu as à me regarder ainsi, au lieu de me répondre, et ne dirait-on pas que tu scrutes mes poches des yeux pour savoir s'il n'y a pas un pain de quatre livres dedans?

Ah ! bien, en voilà une forte par exemple, tu vas peut-être me faire croire que tu n'as pas d'ouvrage, que peut-être aussi tu n'as pas mangé, ni ta femme et tes enfants.

Que sais-je, moi ? Autant me dire tout de suite que les tiens et toi n'avez pas de vêtements ni d'abri.

Tonnerre de Dieu ! Tu as le courage de me dire que j'ai deviné juste.

Ah ! c'est trop fort, tiens vois-tu, car je t'ai connu autrefois pour un homme travailleur, économe, propre et courageux, et dans ma pensée, je te le dis sérieusement, ou tu as perdu l'estime de ton bourgeois qui ne veut plus t'occuper, ou tu ne veux pas travailler.

Pourtant, tu sais bien que tu dois travailler, et nos bons bourgeois qui ne sont pas de cette race-là te le disent assez tous les jours dans leurs bons journaux.

Mais qu'est-ce que tu me dis?

Qu'il n'y a pas d'ouvrage et que les bourgeois qui disent le contraire sont des charlatans qui veulent te vendre de la pommade à l'essence de dupes.

Ah ! vraiment, tu as de ces idées-là aujourd'hui; tiens, mais comment donc que cela se fait?

Cela se fait tout seul, dis-tu, et ensuite que tu n'entends plus que je t'appelle Un tel, et que maintenant tu sais que ton vrai nom est Légion.

Tiens, tiens, tiens, cela veut dire, à ta manière, que tu n'es pas seul de misérable. Ce n'est pas mal raisonné, et soit dit sans te fâcher, je ne te croyais pas aussi malin.

Mais c'est du vice, ça, je m'y connais; tu jalouses certainement le bonheur et le droit des bourgeois, car c'est leur droit à ces gens-là que de vivre heureux, de jouir de tous les biens de la terre et de te faire travailler toute ta vie, entends-tu?

Et tu devrais, au contraire, être satisfait de savoir que la plus belle bourgeoisie du monde règne en maîtresse absolue sur ton sol, préside à tes destinées, te taille des lois superbes d'audace et d'autorité, vote l'impôt sur ton pain, envoie seulement tes enfants se faire tuer aux colonies, gaspille tout l'or du pays, sauf le sien.

Que sais-je, enfin, cette riche bourgeoisie pousse la condescendance envers toi jusqu'à emprunter ta voix pour t'économiser toute cette besogne dont elle se charge d'aussi bon cœur.

Et tu n'es pas heureux de l'honneur que cette caste privilégiée te fait, en t'admettant seulement à lire ses discours et ses programmes républicains!

Comment, ce n'est pas assez pour toi que de savoir que cette sœur aînée du cléricalisme se paie sur ton dos des traitements fabuleux, se ventrifie à plaisir, se saoûle d'honneurs, dispose de la ruine ou de la prospérité de ton pays à son gré, t'écrit des monceaux de livres d'art, de haute philosophie, de sciences et de poésies dont seule elle a le droit et le pouvoir ; le droit dis-je, parce que seuls les fils de bourgeois étudient tout à leur aise, et le pouvoir parce qu'elle possède assez pour publier ses œuvres ?

Du reste, ce monopole revient de droit aux bourgeois, puisque, certainement, quand tu as des sous de trop (pardonne mon ironie) c'est pour acheter à des prix fous 80 pages de vers, soit de Hugo ou de tout autre marchand, tandis qu'en échange, si tu trouves sur ta route un fascicule émanant de l'un de tes pareils, tu t'en écartes avec répulsion, persuadé que tu es à l'avance de l'ineptie de l'ouvrier qui croit devoir te communiquer sa pensée.

Et tu commences maintenant seulement à te plaindre de ta situation, toi, qui par ta patience et la facilité avec laquelle on t'a bouché les yeux en es l'unique cause, étant donné que tu t'appelles Légion, c'est-à-dire le nombre !

Ouf ! c'est assez, je n'y tiens plus ; il faut que je te dise que le rôle de comédien ne me convient pas du tout et certainement je ne pourrais le continuer, surtout en face de toi, mon brave et malheureux collègue.

Comme toi, entends-tu, j'en ai assez de cette pourriture bourgeoise, avec cette différence toutefois, que ce n'est pas d'aujourd'hui que je la déteste, ni d'aujourd'hui non plus que date ma haine pour cette lèpre vivante.

Mieux que toi, peut-être, je la connais cette bourgeoisie qui ose se dire républicaine, car j'ai été fouiller jusqu'à sa cîme, c'est-à-dire au pouvoir ; certain ministre du reste, a peut-être encore les oreilles vibrantes de la voix audacieuse que je faisais retentir dans son cabinet, non pas pour lui demander du travail ou de l'argent, mais simplement

pour lui dire qu'il n'avait pas le droit de s'inter-
poser entre un travail que j'avais projeté et conquis
pour deux ou trois cents de mes pareils, et ceux
qui devaient nous donner à faire ce travail que
nous n'avons plus, grâce à ce bourgeois.

Oh ! oui, je la connais cette race de privilégiés,
je la connais te dis-je, jusqu'en ses retranchements
obscurs.

Cependant, tout en faisant chorus à tes plaintes
et à ton atroce misère, je ne puis m'empêcher de
songer et de te dire que c'est toi, pauvre Légion,
qui es la cause inconsciente du malheur des tiens,
et certainement avant de rechercher en commun
les moyens d'y porter remède, je vais essayer de
te le prouver.

D'abord, te rappelles-tu cette belle fille qui naquit des bourgeois il y a un peu plus de trente
ans, et à qui l'on donna, je crois, le nom de « Suf-
frage universel ».

Oui, n'est-ce pas? Il te souvient aussi que
lorsqu'elle naquit ainsi belle, candide et pure, tu
fondas sur son avenir des espérances magnifiques,
car tu avais en elle une immuable foi, et cependant, dès sa puberté, tu as pu remarquer que
déjà le vice l'atteignait fatalement.

En effet, son premier acte d'adolescence avait
déjà été une infamie au lendemain du deux dé-
cembre.

Et combien d'actes a-t-elle accompli, animée du
même esprit, jusqu'au moment où de par son
propre gré, elle décrétait il y a dix-sept ans,
l'envahissement de ton sol, le démembrement de

la patrie et le massacre en masse de tes enfants. Elle était cependant encore jeune à cette époque puisqu'elle n'avait pas vingt ans.

Qu'est-elle donc devenue depuis et quels ont été ses efforts pour amoindrir les maux qu'elle nous créa ?

Sinon, la prostituée infecte du milieu dont elle est l'émanation incarnée et tous ses efforts furent depuis ce temps consacrés à te berner au moyen d'une république bourgeoise et jésuite, bien loin derrière celle de 89 dont la netteté de principes jointe à la loyauté et à la vigueur de ses représentants, firent peur aux armées coalisées de l'Europe entière, tandis qu'avec la république d'aujourd'hui, notre pays reçoit à la face aussi bien le crachat d'un Howa ou d'un Roumain, comme d'un Anglais ou d'un Chinois.

Ah ! oui, nous lui devons de grandes choses à la république des bourgeois ; nous lui devons entr'-autres calamités les guerres meurtrières de Tunisie et de Chine, toutes deux misérables, insensées et sans nécessité, mais en échange, désastreuses pour nos malheureux soldats, autant qu'au point de vue des traités qui devaient tant (disaient les bourgeois menteurs) ouvrir d'immenses débouchés à notre commerce et à notre industrie.

Ah ! l'ami, la république bourgeoise dont la belle fille nous a doté, coûte cher, et ses distractions sottes autant qu'autoritaires continuent de grever le budget et la dette nationale d'une manière inquiétante. Mais, bah ! que lui importe à cette orgueilleuse que l'impuissance ronge aux flancs?

Ne lui faut-il pas en outre, et à l'instar de la plus sale des monarchies, une armée de cent mille pourceaux habillés de noir qu'elle nourrit en retranchant sans vergogne la part du pain que nous devrions pouvoir donner à nos enfants?

D'autre part, tu peux constater tous les jours que la république jésuite dont nous a gratifié cette nymphe en rupture de siphylis, se paie (toujours à l'instar des monarchies voisines) le luxe d'avoir des prisonniers d'Etat, prisonniers qu'elle cueille à pleines mains dans nos rangs, et se contente-t-elle seulemeut de les prendre parmi les citoyens courageux qui défendent nos droits et nos libertés ?

Mais non, il lui faut aussi dans ses prisons, ceux des nôtres qui ont l'énergie de revendiquer la pitance journalière dc travail.

Ah! sois tranquille, va, notre république bismarkienne arrivée en cet état d'abjection, les garde bien soigneusemeut tous ces malheureux qu'elle a enlevés depuis longtemps à l'existence de leurs familles, et, certainement, quoiqu'elle affecte d'en rire officiellement, elle a aujourd'hui, plus que jamais, l'atroce peur de les lâcher, persuadée qu'elle est que plus une cause a de martyrs et plus elle grossit le nombre de ses prosélytes.

Eh bien ! puisqu'enfin je vois que nous commençons à nous entendre, vois-tu l'ami, il faudra prouver à cette dame court vêtue que l'axiome a du bon en ce que depuis quatorze années, nos martyres ont pu sillonner nos masses profondes de leur souvenir, et les féconderont énergiquement au moment de la lutte prochaine que nos bourgeois eux-mêmes, et sans le vouloir, ont placé sur le terrain des classes, et où pour toute arme, nous n'avons que cette satanée belle fille, maîtresse favorite de la bourgeoisie.

Or, quoique je n'aie plus aujourd'hui grande foi en la valeur de cette arme, dont je ne puis mieux comparer la précision qu'au fusil cintré destiné à tirer dans les coins, étant donnée la manière dont on nous permet seulement de l'employer, il faut absolument que nous en fassions usage.

Mais non plus cette fois pour arriver bons premiers sur nos listes avec des bourgeois qui, venant de faire crever les nôtres de faim et de froid pendant une législature de plus, n'hésiteront pas, au moment de la lutte, à venir nous corner dans les oreilles qu'ils ont une ardente foi en la République, que nos vœux seront pour eux toujours des ordres, qu'ils feront en sorte que le Parlement se transforme en mines du travail, qu'ils nous forgeront des lois nouvelles devant proclamer nos libertés (comme si une loi, fût-ce une seule, soit nécessaire à la consécration de la liberté).

Ils viendront nous débiter tout cela en faisant patte de velours, accompagnant l'énoncé de leurs programmes (soi-disant radicaux et érigés en litanies) avec force gestes, grimaces, contorsions et intonations sauvages ou burlesques, pour nous montrer qu'ils possèdent tous les véritables talents

oratoires, et qu'il n'y a qu'eux seuls que la nature
ait doué d'énergie et de la persuasion.

Mais de tout cela, ami, ne croyons pas un mot,
car depuis trop longtemps se dresse devant nous,
à chaque renouvellement des mandats législatifs,
le même échafaudage de mensonges et de dupli-
cité.

C'est, tu le sais, toujours les mêmes promesses,
et le lendemain des élections, quand les cahiers
électoraux sont réunis, les bourgeois les ficellent
solidement et les envoient rejoindre leurs devan-
ciers, comme un recueil de bêtises ou d'insanités.

Ah ! demandons cette fois à cette bourgeoisie,
si à l'instar de l'un de ses défunts patrons, elle
viendra nous « chercher jusque dans nos repaires »
pour avoir, une fois de plus, le droit de nous trai-
ter en bêtes de somme, qu'elle destine purement
et simplement à produire en quantité suffisante
l'or qu'elle a besoin pour satisfaire sa cupidité et ses
vices, dont ceux dévoilés en ce moment à Londres
ne sont qu'un échantillon.

Assez de récriminations contre cette race, qui
en se procréant, pousse le cynisme jusqu'à retour-
ner contre nous le peu d'instincs généreux que sa
progéniture peut avoir en naissant.

Assez, dis-je, n'est-ce pas ? Car le plus pur de
notre sang tournerait en bile. Et certainement
nous en devons faire un meilleur usage.

Ainsi pas d'hésitation, cette fois, dès qu'un
bourgeois se présentera vomi par un comité quelconque, demandons-lui tout de suite quel est le
moyen qui lui a permis de vivre, et s'il nous ré-

pond qu'il est né riche, qu'il n'a pas eu besoin de piller l'industrie ou de voler le travail des nôtres au coin d'un bois, montrons-lui immédiatement qu'à la porte est un trou où les maçons n'ont pas mis de pierre.

S'il nous répond qu'il a beaucoup pensé et écrit pour l'ouvrier, et qu'ainsi, il s'est naturellement enrichi, demandons-lui alors de quels progrès ou de quelles libertés il a pour nous été la cause, et combien de milliers de francs de rente il a amassé en nous vendant si cher ses élucubrations, puis disons-lui, en le jetant aussi dehors, qu'il ne connaît rien à notre vie, à notre misère et à nos besoins, ne les ayant jamais partagés lui-même.

Avec ces gens-là, vois-tu l'ami, l'expérience nous a suffisamment prouvé qu'il ne fallait plus perdre son temps en discussions stériles, étant donné par une règle d'absolutisme, que les bourgeois resteront bourgeois, jusqu'à la disparition complète des privilèges et des monopoles dont ils se sont comblés eux-mêmes.

Le temps est bien précieux pour nous, aussi faut-il pour cette raison l'employer utilement, non pas en élaborant des programmes colossaux, creux pour la plupart, et tous remplis de vaines redites et d'antiphrases.

Non, ce n'est pas là non plus qu'il faut l'employer, mais d'abord à nous connaître tous, nous unir (à quelque différence d'opinion ou chapelle que l'on appartienne) pour former un faisceau compact puisque nous souffrons tous des mêmes maux, puis trouver surtout dans nos rangs, quelques hommes hardis, l'œil bien ouvert sur l'avenir, audacieux en réformes, pauvres comme Job, le cœur haut et ferme, la cervelle droite et trempée comme l'acier, la main lourde et capable d'effondrer cette tribune bourgeoise, et tant mieux s'ils n'ont dans leurs poches aucun baccalauréat, car ils n'en écouteront que mieux nos avis, lesquels pour ceux-là, seront réellement des ordres.

Avec ces hommes-là, vois-tu l'ami, tu auras plus de chances de voir tes besoins s'amoindrir, car les ayant tous éprouvés eux-mêmes, ils sauront mieux, et plus loyalement que les bourgeois, les exposer et leur apporter une solution efficace.

Ces hommes-là, nous représenteront réellement pendant le cours des sessions parlementaires, car ils n'iront pas passer leur temps à la campagne n'y ayant pas de propriétés. Puis quand nous aurons à leur communiquer notre désir ou nos conseils concernant l'application de leur mandat, nous serons plutôt certains de les rencontrer dans nos réunions, que ces bourgeois qui, lorsque nous voulions les voir, couraient de préférence à une première représentation du Palais-Royal.

Avec ces hommes, nous saurons réellement s'il y a moyen de faire renaître l'industrie et le travail de leurs cendres. Ceux-là sauront créer des ressources nationales capables de mettre à l'abri nos vieillards, nos infirmes, nos femmes et nos enfants, et cela, en décrétant de lourds impôts sur les fortunes particulières, en jetant immédiatement hors du pays toute cette jésuitière cramponnée à notre sol et suçant un énorme budget dont nous ferons une pure et simple économie, et en supprimant tant d'ignobles sinécures créées par les bourgeois au profit de leurs progénitures.

Avec ces hommes-là, entends bien, nous aurons sûrement la paix au dehors, notre sol sera respecté ainsi que notre principe vital, c'est-à-dire la République, tandis qu'au dedans, nous laisserons crever d'ennui toute cette caste de bourgeois dans leurs châteaux. Peut-être à côté de cela, aurons-nous la chance de voir cette bande d'exploiteurs en tous genres, s'enfuir une seconde fois à Coblentz ou ailleurs, alors quelle râfle de propriétés qui feraient retour à l'Etat, et dans lesquelles propriétés le peuple irait bientôt habiter à bon marché.

Ces hommes-là, comprends-tu l'ami, seront forcés de rester fidèles au mandat que nous leur aurons confié, parce qu'émanant vraiment du peuple et formant au Parlement un groupe spécial, ils seront cordialement détestés de tout ce qui, peu ou beaucoup, se rapprochera de la bourgeoisie.

C'est donc à dire que ces élus du prolétariat ne seront pas faciles à corrompre et feront du bon ouvrage. Car ces hommes, qu'il nous faut absolument rechercher en dehors de toutes ces petites chapelles où fleurit l'autoritarisme de cent doctrines en confusion, doivent être indépendants et énergiquement doués, pour aller dignement porter notre ultimatum au milieu de ce camp bourgeois, et, si l'ultimatum est repoussé, savoir tenir leur place en avant de la révolution, notre seule et unique espérance.

Mais l'ami, il faut absolument qu'avant de te quitter, je te donne un bon conseil pour les trouver ces hommes. Prends-le de bonne part et de toute amitié.

Il est absolument urgent de ne pas rester au coin de ton foyer à pleurer sur ta misère. Il faut activer le mouvement dès ce jour, organiser des réunions dans ta maison, dans ta rue, dans ton quartier, partout en un mot, prendre part aux discussions, ne pas craindre de dire ton avis, et surtout enfin ne pas t'en rapporter à la lecture exclusive des journaux pour former ton opinion sur telle ou telle liste que tu comptes mettre dans l'urne.

Vois les hommes, écoute-les et juge-les toi-même avant de voter, de cette manière, tu sauras faire un usage convenable de ton droit.

A une prochaine rencontre, et à la révolution.

Paris, Imp. H. MAROT, 6, rue St-Lazare.